NOTICE

SUR LES

TRAVAUX SCIENTIFIQUES

DE

M. LE D^r CH. ROBIN,

Ancien interne des hôpitaux, Professeur agrégé à la Faculté de Médecine de Paris, Membre de la Société Philomathique et de la Société Anatomique, Vice-Président de la Société de Biologie, Docteur ès sciences, élève lauréat de l'École pratique de Médecine.

SYSTÈME VASCULAIRE.

1. *Note sur un appareil particulier de vaisseaux lymphatiques chez les poissons.*

Lue à la Société Philomathique, le 5 avril 1845. — (Journal l'*Institut*, n° 590 du 16 avril 1845, volume XIII, page 144; Paris, in-4°. — *Revue zoologique*, n° 6, juin 1845, tome VIII, page 224; Paris, in-8°. — *Procès-verbaux de la Société Philomathique*, page 40; Paris, 1845, in-8°.)

Description du *vaisseau latéral*, du *vaisseau médian abdominal* et des deux veines *sous-péritonéales*, sur la grande Roussette (*Squalus canicula*, L.). En outre, description du *canal muqueux latéral*.

2. *Deuxième Note sur l'appareil particulier des vaisseaux lymphatiques des poissons, connu sous le nom de* système du vaisseau latéral.

Lue à la Société Philomathique, le 31 mai 1845. — (Journal l'*Institut*, n° 600 du 25 juin 1845, volume XIII, page 233; Paris, in-4°. — *Revue zoologique*, n° 6, juin 1845, tome VIII, page 228; Paris, in-8°. — *Procès-verbaux de la Société Philomathique*, page 64; Paris, 1845, in-8°.)

1848

Description sur les Raies (*Raia*, C.) des mêmes vaisseaux que chez les Squales. Le vaisseau médian abdominal, indiqué comme constant, n'est que rudimentaire, et manque sur plusieurs espèces.

Le renflement vasculaire spongieux de l'extrémité des appendices génitaux mâles n'est pas celui décrit par J. Davy, comme l'indique à tort la Note. Ce dernier enveloppe la glande *prostate?* et reçoit le sang du précédent; en sortant de cette poche spongieuse érectile enveloppée d'un muscle, le sang se rend dans les veines de la face supérieure du membre postérieur, et arrive ensuite au cœur par la veine sous-péritonéale.

Description des lymphatiques et chylifères des Raies et des Squales; ceux du cœur et du péricarde se joignent à ceux de l'œsophage, en suivant le conduit séreux péritonéo-péricardique. C'est récemment que j'ai observé ce fait sur les poissons précédents et les Torpilles.

Description du vaisseau latéral du Bars (*Labrax lupus*, C.), et de ses lymphatiques abdominaux.

Description du canal muqueux latéral des Raies et de la communication sur les côtés du rostre de ses deux parties abdominale et dorsale.

3. *Note sur la dilatation veineuse qui se trouve dans la cavité ventrale des Raies.*

Lue à la Société Philomathique, le 29 novembre 1845. —(Journal l'*Institut*, n° 623 du 10 décembre 1845, tome XIII, page 429; Paris, in-4°. — *Procès-verbaux de la Société Philomathique*, page 113; Paris, 1845, in-8°.)

Description de cette dilatation et de l'abouchement de la veine cave dans le sinus de Cuvier. Cette dilatation est bilobée, divisée en deux moitiés inégales par une cloison médiane criblée de trous.

4. *Note sur le système veineux des poissons cartilagineux.*

(*Comptes rendus des séances de l'Académie des Sciences de Paris*, lue à l'Institut, le 8 décembre 1845, tome XX, page 1282; Paris, in-4°.)

Le sinus de Monro est situé au devant des veines caves; il en est distinct, mais communique avec elles par des orifices particuliers; il reçoit d'autres sinus, non décrits, venant des testicules ovaires et oviductes.

Description des sinus orbitaires recevant les veines de la tête, et se continuant avec la veine jugulaire postérieure, par un orifice muni d'une valvule.

Les vaisseaux sous-cutanés décrits par Hyrtl, chez les poissons osseux, puis par M. Robin chez les Sélaciens comme étant des lymphatiques, ne sont que des veines; mais les chylifères et les lymphatiques du cœur, indiqués plus haut, sont de véritables lymphatiques.

Chez les Squales, les veines caves sont renflées et présentent aussi un sinus baignant la base des ovaires ou des testicules, et d'une partie de l'oviducte comme chez les Raies; mais il est presque atrophié complétement, hors le temps de la gestation. (*Note ajoutée.*)

5. *Note relative aux systèmes sanguin et lymphatique des Raies et des Squales, ayant pour objet de compléter une Note sur le même sujet.*

Lue à la Société Philomathique, le 13 décembre 1845. — (Journal l'*Institut*, n° 625 du 24 décembre 1845, volume XIII, page 452; Paris, in-4°. — *Procès-verbaux de la Société Philomathique*, page 116; Paris, 1845, in 8°.)

Description de la veine cave, des sinus sushépatiques, de leur abouchement dans le sinus de Cuvier; ils communiquent avec le réservoir veineux abdominal chez les Raies seulement, et non chez les Squales. *Veine jugulaire antérieure*, ramenant le sang de la glande thyroïde antérieure (*glande salivaire*, de Cuvier). Veine jugulaire postérieure, ramenant le sang de l'orbite de la thyroïde postérieure, des veines nourricières des branchies, munies de valvules à leur abouchement dans cette veine principale et dans la jugulaire antérieure. Valvules à l'orifice d'abouchement de ces deux veines dans le sinus de Cuvier.

6. *Note sur quelques particularités du système veineux des Raies* (Raia, C.).

(*Revue zoologique*, n° 1, janvier 1846, tome IX, page 5; Paris, in-8°.)

Description de la veine caudale; ce n'est que par des capillaires qu'elle communique avec les veines caves chez l'adulte : la communication est facile, mais celle que j'ai décrite dans cette Note l'a été d'après un jeune individu ayant conservé accidentellement des restes de la disposition embryonnaire de ces vaisseaux. Description plus complète des veines caves, de leurs sinus, et de celui des veines sushépatiques.

7. *Note sur l'organisation des poissons cartilagineux, faisant suite à celles dont il a déjà été question.*

Lue à la Société Philomathique, le 1er août 1846.—(Journal l'*Institut*, n° 658 du 12 août 1846, tome XIV, page 272; Paris, in-4°.— *Procès-verbaux de la Société Philomathique*, page 113; Paris, 1846, in 8°.)

Description des sinus testiculaires, ovariques et des oviductes chez les

Raies. Les veines caves chez les Squales sont très-renflées, communiquent entre elles sur la ligne médiane par un orifice non cloisonné ; elles manquent du réservoir médian abdominal des Raies, mais possèdent ceux des organes génitaux (*Squatina angelus*, *Galeus canis*, etc.)

8. *Mémoire sur les vaisseaux chylifères et sanguins des Torpilles* (Torpedo Galvanii).

Lu à la Société de Biologie, dans ses séances des 11 et 18 novembre 1848. — (Paraîtra dans son premier Bulletin, actuellement sous presse.)

Réseaux lymphatiques nombreux et serrés depuis l'entrée de l'œsophage jusqu'au cloaque ; bourrelets lymphatiques recouvrant les troncs sanguins intestinaux et gastriques (surtout ces derniers) comme chez les Raies. Après avoir recueilli les réseaux précédents et s'être joints aux troncs volumineux et moniliformes qui couvrent le pancréas, ils forment un tronc très-large ou mieux un réservoir allongé, irrégulièrement dilaté au niveau du renflement des *veines caves* dans lesquelles il s'abouche par deux, quelquefois un seul orifice de chaque côté. Cet orifice est oblique comme celui de l'uretère dans la vessie ; aussi l'injection reflue difficilement des veines dans les lymphatiques. Ceux du cœur et du péricarde descendent à l'intérieur du canal de communication du péricarde et du péritoine, et se joignent à ceux de l'œsophage. La partie extérieure des troncs hépatiques de la veine porte est couverte de fins capillaires, recueillis par les troncs volumineux qui enveloppent et cachent les artères hépatiques (comme toutes les autres artères). Le foie est à deux lobes pairs, le droit seul à une vésicule ; les lymphatiques de celle ci et des conduits cholédoques se jettent dans les troncs péri-artériels. La rate est dénuée de lymphatiques. Ceux du cloaque et de sa glande sont volumineux, moniliformes, recueillis par un ou plusieurs gros troncs de chaque côté qui longent et recouvrent l'aorte, puis remontent le long de l'artère mésentérique, en recueillant des capillaires peu nombreux du péritoine rénal et des veines caves pour se jeter dans le réservoir qui communique avec ces dernières. Celles-ci sont en réalité les veines azygos chez tous les Sélaciens, comme le montre l'Embryogénie (CosTE). Elles sont renflées comme celles des Squales et des *Squatina*, et manquent comme elles du réservoir médian des Raies. Les sinus ovariens et testiculaires se jettent directement dans les sinus sushépatiques, sans communiquer avec les veines caves (azygos). On peut, dans les Torpillles et les autres Plagiostomes, injecter les lymphatiques du cloaque par les veines de cet organe, ou réciproquement, mais ce n'est qu'après avoir sur-distendu l'un ou l'autre, ce qui porte à croire qu'il y a rupture, car on a ordinairement la sensation d'une résistance vaincue. Les veines de l'appareil électrique se jettent dans les jugulaires, elles ont des orifices d'abouchement munis de valvules. Les veines cutanées s'anastomosent avec le réseau veineux dont les mailles circonscrivent le sommet des piles de disques de l'appareil électrique. La disposition des veines superficielles et profondes est la même que chez les Raies, sauf les veines sous-péritonéales qui manquent et sont remplacées par un tronc sous-cutané de chaque côté, qui vient des membres postérieurs, longe la face antéro-latérale de l'abdomen et va se jeter dans le sinus de Cuvier.

9. *Note sur quelques particularités du système veineux de la Lamproie* (Petromyzon marinus, L.).

Lue à la Société Philomathique, le 28 mars 1846. — (Journal l'*Institut*, n° 640 du 8 avril 1846, volume XIV, page 121; Paris, in- 4°. — *Procès-verbaux de la Société Philomathique*, pages 35 à 44; Paris, 1846, in-8°.)

Additions à la description des veines et sinus abdominaux. Les organes de la tête et du thorax se comportent d'une manière très-remarquable avec les veines. Au lieu d'être unis les uns aux autres par du tissu cellulaire, ils sont plongés dans des sinus veineux dépendant des jugulaires antérieures et postérieures, et ne sont fixés que par leurs extrémités d'insertion; il en est de même des sacs branchiaux, etc.

10. J. REGNAULD et CH. ROBIN. *Note sur les cœurs lymphatiques de la Grenouille commune* (Rana esculenta, L.).

Lue à la Société Philomathique, le 27 décembre 1845. — (Journal l'*Institut*, n° 626 du 31 décembre 1845, volume XIII, page 463; Paris, in-4°. — *Procès-verbaux de la Société Philomathique*, page 128; Paris, 1845, in-8°.)

Détermination de la composition anatomique de leur liquide; il renferme des globules sanguins, de forme et caractères particuliers qui semblent être en voie de développement.

11. CH. ROBIN. *Sur les lymphatiques abdominaux des Grenouilles.*

Lu à la Société Philomathique, le 31 janvier 1846. — (Journal l'*Institut*, n° 632 du 11 février 1846, volume XIV, page 54; Paris, in-4°. — *Procès-verbaux de la Société Philomathique*, page 8; Paris, 1846, in-8°.)

— *Sur les lymphatiques des Reptiles.*

Lu à la Société Philomathique, le 30 mai 1846. — (Journal l'*Institut*, n° 649 du 10 juin 1846, volume XIV, page 200; Paris, in-4°. — *Procès-verbaux de la Société Philomathique*, page 75; Paris, 1846, in-8°.)

Additions aux descriptions de Panizza; description des réservoirs lymphatiques des Batraciens; lymphatiques de l'oviducte. Indication des chylifères de l'Anguille et de la Raie.

STRUCTURE DE LA PEAU.

12. *Sur les tubes sensitifs des Sélaciens, et sur leurs tubes sécréteurs de la mucosité.*

Lu à la Société Philomathique, le 1ᵉʳ août 1846. — (Journal l'*Institut*, n° 658 du 12 août 1846, volume XIV, page 272; Paris; in-4°. — *Procès-verbaux de la Société Philomathique*, page 115; Paris, 1846, in-8°.)

Description des nerfs, nature du contenu de ces organes; branches du canal muqueux latéral, s'en détachant au nombre de deux pour gagner le bord des ailes, dans l'épaisseur de la peau à la face dorsale, etc.

13. *Note sur une espèce particulière de glande de la peau de l'homme.*

(*Comptes rendus des séances de l'Académie des Sciences de Paris*, 8 décembre 1845, tome XX, page 1282; in-4°.) — Imprimée en entier seulement dans les *Annales des Sciences naturelles*, 3ᵉ série, Zoologie, tome IV, page 380; Paris, 1845.

Elle a la structure générale des glandes sudoripares, son volume est plus grand, etc. Elle sécrète le liquide acide odorant du creux de l'aisselle.

14. HUGUIER et CH. ROBIN. *Anatomie pathologique et structure des glandes sébacées de la région vulvaire.*

DANS Mémoire sur les maladies des follicules sébacés et pilifères de la vulve, par le docteur Huguier. (*Bulletin de l'Académie de Médecine*, septembre 1846, tome XI; Paris, in-8°.)

15. ROBIN et SEGOND. *Mémoire sur la structure de la peau des Céphalopodes.*

Lu à la Société de Biologie, dans sa séance du 23 septembre. (Sera inséré dans le premier Bulletin de la Société.)

Leur peau se compose: 1° d'une couche molle visqueuse, contenant des cellules épithéliales et des granulations moléculaires; 2° de la couche, contenant les taches colorées : celles-ci sont des vésicules à parois épaisses, élastiques, entourées d'une couche rayonnante de fibrilles contractiles, qui, en se contractant, dilatent la vésicule; celle-ci revient sur elle-même par élasticité dès que les fibres cessent de se contracter; 3° une dernière couche est formée de petites plaques ovales, soudées ensemble par leurs bords et couvertes de petites fibres ou bâtonnets régulièrement rangés à côté l'un de l'autre, et sur lesquels la lumière se décompose comme sur tous les corps finement striés : de là l'irisation de la peau des Céphalopodes placés au soleil.

ANATOMIE DES GLANDES.

16. CH. ROBIN. *Anatomie d'un organe découvert sur l'Ombre* (Sciæna umbra, C.).

Lue à la Société Philomathique, le 28 novembre 1846. — (*Procès-verbaux de la Société Philomathique*, page 140; Paris, 1846, in-8°. — Journal l'*Institut*, n° 683 du 3 février 1847, volume XV, page 41; Paris, in-4°.)

Description anatomique extérieure et structure de cet organe particulier.

17. *Mémoire sur une nouvelle espèce de glande vasculaire chez les Plagiostomes, et sur la structure de leur glande thyroïde.*

Lu à la Société Philomathique, le 30 janvier 1847. — (Journal l'*Institut*, n° 684 du 10 février 1847, volume XV, page 47; Paris, in-4°. — *Procès-verbaux de la Société Philomathique*, page 10; Paris, 1847, in-8°.)

Cette nouvelle espèce de glande est de la classe de ces organes dépourvus d'appareil excréteur; son adhérence à la jugulaire postérieure, sa vascularité, etc., peuvent la faire considérer comme une thyroïdienne postérieure. Structure de la thyroïdienne antérieure, considérée auparavant comme une glande salivaire. Elle est remarquable par la distribution des vaisseaux capillaires à la surface des lobules et le contenu de leurs vésicules.

18. LEBERT et CH. ROBIN. *Structure de la glande thyroïde chez l'homme, et comparaison de cette structure à celle de la thyroïde des poissons cartilagineux, etc.*

DANS Volume supplémentaire au *Dictionnaire de Médecine de Hufeland.* Berlin, 1848.

19. *Note sur la structure de la glande mammaire chez l'enfant nouveau-né ; et chez l'adulte, pendant et hors `la période d'allaitement.*

Lue à la Société de Biologie, juillet 1848. Inédite.

20. Huguier et Ch. Robin. *Structure de la glande vulvo-vaginale chez la femme et les animaux.*

Dans Mémoire sur la glande vulvo-vaginale, les divers appareils sécréteurs des organes génitaux externes de la femme, sur leurs fonctions et leurs maladies, par M. le docteur Huguier. — (*Bulletin de l'Académie de Médecine*, 31 mars 1846, tome XI, page 564, in-8°.)

Cette glande a la structure des glandes en grappe, comme les glandes de Cooper.

APPAREILS ÉLECTRIQUES.

21. *Recherches sur un appareil particulier qui se trouve sur les poissons du genre des Raies* (Raia, C.).

Lu à la Société Philomathique le 9 mai 1846. — (Journal l'*Institut*, n° 645 du 31 mai 1846, tome XIV, page 164 ; Paris, in-4°. — *Procès-verbaux de la Société Philomathique*, 1846, page 65 ; Paris, in-8°.) — Lu aussi à l'Institut le 18 mai 1846. — (*Comptes rendus des séances de l'Académie des Sciences*, 18 mai 1846, tome XXII, page 821 ; Paris, in-4°.) — Publié seulement par extraits dans les recueils précédents, il l'a été en entier dans les *Annales des Sciences naturelles*, avril et mai 1847, 3ᵉ série, volume VII, page 193 ; Paris, 1847, grand in-8° ; avec deux planches lithographiées, sous le titre de :

Recherches sur un appareil qui se trouve sur les poissons du genre des Raies (Raia, Cuv.), *et qui présente les caractères anatomiques des appareils électriques.*

Tiré à part comme Thèse de zoologie pour le doctorat ès sciences, avec addition d'une table des matières et de quatre pages de propositions ; 1 volume de 114 pages, grand in-8°.

(9)

Ces propositions portent sur le mécanisme de la circulation des poissons, sur les globules blancs du sang chez les Vertébrés, et les caractères qui les distinguent des globules de pus chez l'homme.

Ce travail renferme des recherches sur les organes considérés chez les Raies, comme les analogues de l'appareil électrique des Torpilles; la description des vertèbres caudales, des muscles, aponévroses, nerfs et vaisseaux de la queue des Raies. Les racines des nerfs de la queue ne naissent pas au même niveau sur la moelle épinière caudale; elles ne sortent pas par la même vertèbre, mais alternativement, chacune par une vertèbre. Le muscle pubio-caudal, dans sa portion cloacale, reçoit des nerfs gris pourvus de ganglions, venant des paires sacrées et formant un petit système sympathique; la portion caudale de ce muscle reçoit du nerf longitudinal inférieur, comme les autres muscles. Description plus exacte des veines sous-cutanées, que dans les premières Notes sur les lymphatiques.

Description de l'appareil électrique de la Raie, de son tissu propre formant un tissu spécial qui doit être distingué des autres tissus, sous le nom de *tissu électrique*. Distribution et terminaison des capillaires dans les disques de tissu électrique.

Terminaison des nerfs dont les tubes se bifurquent et s'anastomosent. J'ai vérifié, depuis la publication de ce travail, que la terminaison réelle des tubes nerveux, qui m'avait échappé, a lieu chez les Raies, de la même manière que R. Wagner l'a décrit dans l'appareil électrique des Torpilles, c'est-à-dire par des subdivisions nombreuses et extrêmement fines qui finissent en pointe effilée. Détermination (page 96) des nerfs de l'appareil électrique des Raies et des Torpilles, comme étant des nerfs spéciaux, venant de la même source que les nerfs moteurs, c'est-à-dire de racines dépourvues de ganglions, et non des racines sentives dont les tubes portent des globules ganglionnaires. Remarques générales sur les poissons électriques et les Plagiostomes.

SYSTÈME NERVEUX.

22. *Premier Mémoire sur la structure des ganglions nerveux des Vertébrés.*

Lu à la Société Philomathique le 13 février 1847. — (Journal l'*Institut*, n° 687 du 3 mars 1847, volume XV, page 74; Paris, in-4°. — *Procès-verbaux de la Société Philomathique*, page 23; Paris, 1847, in-8°.)

23. *Second Mémoire sur la structure des ganglions nerveux.*

Lu à la Société Philomathique le 22 mai 1847. — (Journal l'*Institut*, n° 699 du 26 mai 1847, volume XV, page 171; Paris,

in-4°. — *Procès verbaux de la Société Philomathique*, page 68 ;
Paris, 1847, in-8°.)

Les résultats des recherches contenues dans ces deux Mémoires, moins les
détails descriptifs nécessaires, sont résumés dans le suivant.

24. *Recherches sur les deux ordres de tubes nerveux élémentaires, et les deux ordres de globules ganglionnaires qui leur correspondent.*

(*Comptes rendus des séances de l'Académie des Sciences*, 21 juin
1847, tome XXIV, page 1079 ; Paris, in-4°). Par extraits de
deux pages.

Les globules ganglionnaires ne sont pas de petits centres nerveux, mais
des organes spéciaux placés sur le trajet des tubes nerveux élémentaires.

Ils sont de deux ordres et diffèrent l'un de l'autre : l'un correspond aux
tubes sensitifs de la vie animale, l'autre aux tubes minces ou gris de la vie
organique ; leur différence confirme la distinction de ces deux espèces de
tubes nerveux. Les tubes des nerfs moteurs en sont dépourvus. C'est de
leur présence sur un même point du trajet des tubes élémentaires d'un
cordon nerveux que résultent les renflements appelés *ganglions*.

Ces faits viennent confirmer les recherches de MM. Piégu et Sappey, qui
tendent à montrer que le grand sympathique n'est pas un système nerveux
à part, aussi distinct du système nerveux de la vie animale que le vou-
laient Reil et Bichat.

25. *Mémoire relatif à la structure des ganglions du système nerveux périphérique.*

Lu à la Société Philomathique le 15 janvier 1848. — (Journal
l'*Institut*, n° 733 du 19 janvier 1848, volume XVI, page 23 ;
Paris, in-4°.)

Ce Mémoire a pour but de démontrer l'existence des globules ganglionnaires sur les tubes sensitifs et les tubes minces de la vie organique,
chez tous les Vertébrés, et la distinction de deux espèces de globules est pos-
sible chez tous ces animaux.

26. *Note sur les vertèbres crâniennes.*

Lue à la Société de Biologie dans sa séance du 7 octobre 1848.
(Sera publiée dans le Bulletin de cette Société.)

Les recherches de M. Cusco ayant montré que la septième paire, ou nerf
facial, est un nerf mixte, c'est-à-dire à la fois sensitif et moteur, que sa
racine sensitive est pourvue d'un ganglion, que celui-ci est formé de
globules ganglionnaires (Cusco et Robin) ; la vertèbre pétrée du crâne ne

fait pas exception aux vertèbres sphénoïdales, etc., du crâne; elle se trouve aussi pourvue d'une paire nerveuse comme toutes les vertèbres.

ORGANES DE LA GÉNÉRATION.

27. LEBERT et ROBIN. *Note sur la disposition anatomique des organes de la génération, chez les mollusques du genre Patelle.*

(*Comptes rendus des séances de l'Académie des Sciences*, 1er décembre 1845, tome XXI, page 121 ; Paris, in-4°. — Journal l'*Institut*, n° 595 du 21 mai 1845, volume XIII, page 183 ; Paris, in-4°. — *Procès-verbaux de la Société Philomathique*, page 57 ; Paris, 1845, in-8°. — En entier dans les *Annales des Sciences naturelles*, numéro de mars 1846, 3e série, t. V, page 191 ; Paris, in-8°.)

Description des testicules et des ovaires, portés par des individus séparés, chez les *Patelles* qu'on croyait hermaphrodites.

Description des zoospermes; de nouvelles recherches nous ont montré qu'ils ont une très-longue queue, et non une queue courte, comme nous l'avions d'abord indiqué.

28. LEBERT et ROBIN. *Note sur un fait relatif au mécanisme de la fécondation du Calmar commun.*

Lue à la Société Philomathique le 10 mai et le 31 mai 1845. — (Journal l'*Institut*, n° 595 du 21 mai 1845, et n° 600 du 25 juin 1845, volume XIII, pages 183 et 233; Paris, in-4°. — *Procès-verbaux de la Société Philomathique*, pages 57 et 69 ; Paris, 1845, in-8°. — *Revue zoologique*, n° 6, juin 1845, volume VIII, page 233; Paris, in-8°. — Et *Archiv. für Anat.*, Physiol., etc., *von J. Muller*, n° 2, page 135 ; Berlin, 1846 ; dans *Kürtze Notiz über allgemeine vergleichende Anatomie nieder Thiere*. — Publiée en entier seulement dans les *Annales des Sciences naturelles*, 3e série, Zoologie, tome IV, page 95, avec une planche gravée ; Paris, 1845, grand in-8°.)

Un faisceau de spermatophores du mâle se trouvait fixé, par une substance particulière, à la face interne du manteau d'une femelle, au niveau de l'oviducte; tous étaient mûrs et éclataient facilement. Description de ces spermatophores.

29. CH. ROBIN. *Rapport sur un cas de mort et de dissolution de l'embryon, par suite d'hémorragie des membranes de l'œuf, observé par M. Boussi.*

Rapport fait à la Société Anatomique de Paris, décembre 1846.—
Bulletins de la Société Anatomique, 3ᵉ série décennale, tome III,
page 81, 1848.

30. *Mémoire pour servir à l'histoire anatomique et pathologique de la membrane muqueuse utérine, de son mucus et des œufs, ou mieux glande de Naboth.*

Lu à la Société Philomathique le 18 mars 1848. (*Archives générales de Médecine,* 4ᵉ série, tome XVII; Paris, in-8°, p. 257.
88 pages.)

Structure de la muqueuse utérine, des glandes de Naboth, etc. La
muqueuse utérine tombe à chaque grossesse, entraînée par le délivre. Aussi
elle contient, au nombre de ses éléments, beaucoup de ceux du tissu
fibro-plastique, éléments qui se trouvent partout où il y a du tissu cellulaire
en voie de formation et de rénovation. Déductions relatives à l'anatomie
pathologique de l'utérus. Analyse anatomique du mucus du corps et du col
utérins, etc.; la muqueuse de la cavité du col ne tombe pas.

31. HUGUIER et CH. ROBIN. *Analyse microscopique du contenu des kystes du col de l'utérus et du vagin.*

(Dans Mémoire sur les kystes de la matrice et sur les kystes
folliculaires du vagin; par P.-C. HUGUIER. Lu à la Société de
Chirurgie le 5 mai 1847. Extrait des *Mémoires de la Société de
Chirurgie.*)

32. CH. ROBIN. *Mémoire sur l'existence d'un œuf ou ovule, chez les mâles comme chez les femelles des végétaux et des animaux, produisant l'un les spermatozoïdes ou les grains de pollen, l'autre les cellules primitives de l'embryon.*

(*Comptes rendus des séances de l'Académie des Sciences,* séance
du 23 octobre 1848; Paris, tome XXVII, in-4°, page 427.)
Par extrait de quatre pages, journal l'*Institut,* n° 775 du 8 novembre 1848, vol. XVI, in-4°; Paris, page 343. — Publié en
entier dans la *Revue zoologique,* n° 10, novembre 1848,
vol. XI.)

Dans les organes génitaux mâles des plantes et des animaux, se forme un ovule mâle de la même manière que l'ovule femelle, et analogue à celui-ci. Le vitellus de l'ovule mâle se segmente spontanément, chaque sphère de fractionnement forme une cellule embryonnaire; chaque cellule embryonnaire mâle se modifie pour former un grain de pollen ou un spermatozoïde des algues ou des animaux. Ainsi, les spermatozoïdes ne sont pas des animaux, mais des cellules embryonnaires mâles modifiées. Ces organes ont la propriété de déterminer la segmentation du vitellus de l'ovule femelle, qui a lieu ici de la même manière que chez les mâles. Les cellules embryonnaires qui en résultent, se réunissent pour former l'embryon.

HISTOLOGIE.

33. *Mémoire sur le développement des spermatozoïdes, des cellules et des éléments anatomiques des tissus.*

Lu à la Société Philomathique, le 10 juin 1848. (Journal l'*Institut*, n° 759 du 19 juillet 1848; Paris, vol. XVI, page 214.)

La première partie du Mémoire est relative aux faits dont il est question dans le précédent travail. La deuxième partie montre que la théorie de Schwann, sur la métamorphose des cellules embryonnaires en éléments anatomiques (fibres musculaires, tubes nerveux, etc.), est fausse. Chez les végétaux, ces cellules se métamorphosent bien directement en éléments anatomiques (trachées, vaisseaux ponctués, etc.); mais chez les animaux, après avoir vécu un certain temps sous forme de cellules, elles se dissolvent, et les fibres musculaires, tubes nerveux, etc., se substituent de toutes pièces à ces cellules. Ainsi, chez les végétaux, il y a *métamorphose* directe des cellules en éléments anatomiques; chez les animaux, il y a *substitution* des éléments aux cellules embryonnaires. Chez les animaux toutefois, les *produits* (épiderme, ongles, plumes, etc.), qui ont moins les caractères de l'animalité que les autres tissus de l'économie, se forment aussi par métamorphose directe des cellules, et en cela se rapprochent de ce qui se passe chez les plantes.

Ainsi, en se reportant au Mémoire précédent, on voit que les phénomènes primitifs, relatifs aux deux ordres de fonctions communes aux végétaux et aux animaux (reproduction et fonctions de nutrition), sont analogues dans les deux classes d'êtres vivants. En effet, d'une part nous avons la formation d'un ovule chez les mâles et les femelles, segmentation de leur vitellus, d'où résultent les cellules embryonnaires, puis les spermatozoïdes chez les mâles par un mécanisme analogue de part et d'autre. Enfin, en second lieu, les tissus dérivent chez les uns et les autres des cellules embryonnaires des femelles. Les différences commencent à partir de celles-ci, puisque, chez les végétaux, elles se métamorphosent directement en éléments anatomiques, et, chez les animaux, il n'y a que celles des *produits*, tissus insensibles, non vasculaires, qui naissent par simple changement de forme des cellules ; les éléments anatomiques des vrais tissus (cellulaires, nerveux, musculaires, etc.), au contraire se substituent à des cellules qui les précèdent et leur préparent un blastême convenable, plus *animalisé* que les précédents.

34. *Note sur les phénomènes de contact de l'huile et de l'albumine.*

Lue à la Société Philomathique le 12 février 1848, et à la Société de Biologie, juillet 1848. Inédite.

L'albumine n'entoure pas les gouttes d'huile et ne leur forme pas une enveloppe analogue aux cellules, et pouvant aider à découvrir le mécanisme de leur formation, comme le dit Ascherson. C'est le contraire qui a lieu ; l'huile s'étend à la surface de l'albumine qui est alcaline, se combine avec son alcali, lui forme une mince enveloppe savonneuse élégamment plissée. C'est un simple phénomène chimique, qui n'a pas le moindre rapport avec la formation des cellules des tissus animaux.

35. LEBERT et CH. ROBIN. *Kürtze Notiz über allgemeine vergleichende Anatomie nieder Thiere.*

Courte Notice sur l'anatomie générale comparative des animaux inférieurs.

(*Archiv. für Anat., Physiol.*, *von* J. MULLER. Berlin, 1846, heft II, seite 121.)

Recherches sur le sang, les muscles, les zoospermes, etc.

36. LEBERT et CH. ROBIN. En commun ce qui est relatif aux Patelles, Buccins et Turbo, dans le Mémoire de M. Lebert intitulé : *Beobachtungen über die mündorgane einiger Gasteropoden.*

Observations sur les organes buccaux de quelques Gastéropodes.

(*Archiv. für Anat., Physiol.*, *von* J. MULLER. Berlin, 1846, heft IV, und V, seite 435. Mit drei kupfertafeln.) — Lu à la Société Philomathique le 10 mai 1845. (Journal l'*Institut*, n° 595 du 21 mai 1845. Paris, tome XIII, in-4°, page 183. — *Procès-verbaux de la Soc. Philom.* Paris, 1845, in-8°, p. 58.)

37. ROBIN et MARCHAL (de Calvi). *Mémoire sur les éléments caractéristiques du tissu fibro-plastique,*

et sur la présence de ce tissu dans une nouvelle espèce de tumeur.

(Comptes rendus des séances de l'Académie des Sciences, 2 novembre 1846. Paris, tome XXIII, in-4°, page 857.) Par extrait en deux pages.

Les éléments anatomiques des tissus morbides homœomorphes ou hétéromorphes, connus sous le nom de *cellules*, ne sont que rarement des cellules dans l'acception propre du mot ; ce sont le plus souvent des globules de substance organique dans lesquels le noyau et les granulations moléculaires sont inclus comme le noyau d'une drupe au centre du sarcocarpe. Ils n'ont que rarement une enveloppe nettement distincte du contenu.

Les éléments fibro-plastiques sont homœomorphes (c'est par erreur d'impression qu'ils se trouvent placés dans la liste des éléments hétéromorphes) ; ils forment presque exclusivement la tumeur du chancre induré, fait qui n'avait pas été signalé.

PATHOLOGIE.

38. ROBIN et LEBERT. *Mémoire sur la vascularité du cancer.*

Lu à la Société de Biologie dans ses séances du 4 et du 25 novembre 1848. (Sera inséré dans son prochain Bulletin.)

Les veines du tissu cancéreux sont toutes capillaires et bien plus difficiles à injecter que les artères ; de là vient que Schrœder van der Kolk et M. Bérard les ont niées : mais les pièces nombreuses que nous avons montrées prouvent leur existence, et elles sont toujours très-abondantes et faciles à rompre (estomac, ovaire, ligaments larges, mésentère, foie, ganglions lymphatiques). Sur une de ces pièces, un lymphatique injecté sur la tumeur de l'ovaire a rempli de nombreux vaisseaux de même espèce dans une large fausse membrane unissant l'ovaire à l'intestin grêle et au mésentère correspondant. Ceux-ci injectés, ils ont rempli les chylifères avec lesquels ils s'anastomosaient fréquemment et consécutivement par ces derniers les ganglions du mésentère, de la même manière que par les vaisseaux sanguins de la fausse membrane ; l'injection de la tumeur avait rempli les artères et les veines intestinales. A la jonction et dans les parties voisines de la fausse membrane avec l'iléum, les chylifères sont remarquables par leurs dimensions et leurs boursouflements vésiculiformes du volume d'un grain de chènevis au moins. Les lymphatiques de la fausse membrane sont rectilignes, parallèles ; beaucoup de filaments pseudo-membraneux, isolés du reste du tissu de nouvelle formation, sont aussi parcourus par un gros lymphatique, une artère et une veine. Ces lymphatiques de formation accidentelle ont toutes les propriétés des autres, c'est-à-dire leur contractilité, qui fait que la matière injectée est chassée tout entière, goutte à goutte, par la solution de continuité non oblitérée. Ils m'ont paru manquer de valvules. La pièce est conservée.

39. *Femme âgée de 76 ans, atteinte de pneumonie ; chute sur la tête. Douleurs vives du cou. Mort causée par la pneumonie. Fracture double de l'axis.*

Bulletins de la Société Anatomique, septembre et octobre 1844, 18ᵉ année. Paris, in-8°, page 227.—Et dans Thèse pour le doctorat en médecine, soutenue le 31 août 1846, par Ch.-P. Robin. Paris, in-4°, 1846, page 59.)

C'est le seul cas de fracture traumatique de l'axis, sans lésions antérieures, qui ait été observé.

40. *Rapport sur une observation de rupture du cœur, recueillie par M. Marquis.*

Bulletins de la Société Anatomique de Paris, août 1844, in-8°, page 175.

41. *Anatomie chirurgicale de la région de l'aine.*

Thèse pour le doctorat en médecine soutenue le 31 août 1846. Paris, in-4° ; 64 pages.

ZOOLOGIE.

42. *Mémoire sur la Rayère hispide* (Rayera hispida, Ch. R.).

Lu à la Société de Biologie dans sa séance du 4 novembre 1848. (Sera imprimé dans son prochain Bulletin.)

Helminthe nématoïde, nouveau ; type d'un nouveau genre devant former lui-même un nouveau groupe voisin des Énopliens et des Sclérostomiens ou des Anguillules.

43. *Mémoire sur une nouvelle espèce d'Annélide du genre Spio* (Fabricius), *qui est très-abondante dans les calcaires de Dieppe, et s'y creuse un logement en forme de double tube.*

Lu à la Société de Biologie le 2 décembre 1848. (Sera inséré dans son prochain Bulletin.)

Le *Spio Gidei* (Ch. R.) est long de 1 à 2 ½ centimètres : le tube qu'il se creuse dans le calcaire est à peu près aussi long que l'animal ; il est simple, mais divisé en deux par une cloison verticale bâtie par l'animal. Une nouvelle espèce de *Grégarina* vit dans son tube digestif.

44. *Mémoire sur les genres* Retzia, Ch. R., *et* Mulleria, Ch. R.

Lu à la Société de Biologie dans sa séance du 2 décembre 1848. (Sera inséré dans son prochain Bulletin.)

Le genre *Retzia* a pour type une annélide voisine des Spios, mais n'ayant pas le cinquième anneau thoracique différent des autres anneaux du corps, comme dans ceux ci ; espèce unique, le *Retzia bicornis,* Ch. R. Elle a aussi une Grégarine pour parasite.

Le genre *Mulleria* a pour type une annélide pouvant se placer entre les Syllis et les Hésiones, mais en différant par la position des yeux, ses neuf tentacules ou cirrhes céphaliques moniliformes, et la longueur des cirrhes dorsaux ; espèce unique, la *Mulleria longicirrhata,* Ch. R.

45. Follin et Robin. *Mémoire zoologique et anatomique sur les cysticerques de l'homme et de l'ours.*

Lu à la Société Philomathique dans sa séance du 28 novembre 1846. Est sous presse, avec figures. Dans A. Richard, *Cours d'Histoire naturelle médicale*, vol. IIe, Zoologie.

Les cysticerques sont composés d'une première vésicule ovoïde qui remplit le kyste de tissu cellulaire fourni par l'animal attaqué. Cette vésicule est pleine de liquide ; elle présente un orifice, au pourtour duquel est insérée, à sa face interne, une vésicule pisiforme qui flotte dans le liquide. Au fond de cette dernière, l'animal proprement dit est fixé, en continuité de tissu, par un pédicule plissé. Quand il est rétracté sur lui-même, il remplit exactement cette poche, et sa tête, placée en direction opposée au pédicule, est en rapport avec l'orifice mentionné plus haut sur la grande vésicule, lequel est commun à elle et à la petite. Aussi, dès que l'animal veut sucer le sang, il n'a qu'à allonger la tête par cet orifice ; le kyste du tissu vasculaire présente souvent une petite cicatrice blanche, entourée de vaisseaux, en rapport avec l'ouverture de sortie de la tête du cysticerque.

BOTANIQUE.

46. *Note sur un cas de soudure entre les fleurs, ou de synanthie, dans le* Symphitum officinale, L.

Lue à la Société de Biologie dans sa séance du 12 août 1848. (Sera inséré dans son prochain Bulletin.)

47. *Des végétaux qui croissent sur les animaux vivants.*

(Thèse de botanique pour le doctorat ès sciences, soutenue le 19 juillet 1847.) — Publiée à part sous le titre suivant :

Des végétaux qui croissent sur l'homme et les animaux vivants ;

Avec addition de trois planches gravées. Paris, 1847, chez J.-B. BAILLIÈRE. Un volume grand in-8°, 120 pages.

Description de tous les végétaux parasites connus et d'une espèce nouvelle. Les champignons indiqués comme croissant sur les papillons morts seulement ont été depuis trouvés sur des insectes vivants (GUÉRIN-MÉNEVILLE, FOLLIN et LABOULBEYNE, etc.).

CHIMIE.

48. *Des fermentations.*

Thèse de concours pour l'agrégation en histoire naturelle médicale ; présentée et soutenue à l'École de Médecine de Paris en 1847. In-4° ; 41 pages.

Paris, le 4 décembre 1848.

IMPRIMERIE DE BACHELIER,
RUE DU JARDINET, 12.